裴尚苑著

裴尚苑書法集

文史哲出版社印行

國家圖書館出版品預行編目資料

裴尚苑書法集 / 裴尚苑著. -- 初版. -- 臺北市：
文史哲, 民 105.05
面；公分
ISBN 978-986-314-301-7（平裝）

1.書法 2.作品集

943.5 105008479

裴尚苑書法集

著　　者：裴　尚　苑
出 版 者：文　史　哲　出　版　社
http:// www.lapen.com.tw
e-mail:lapen@ms74.hinet.net
登記證字號：行政院新聞局版臺業字五三三七號
發 行 人：彭　正　雄
發 行 所：文　史　哲　出　版　社
印 刷 者：文　史　哲　出　版　社
臺北市羅斯福路一段七十二巷四號
郵政劃撥帳號：一六一八〇一七五
電話886-2-23511028 · 傳真886-2-23965656

實價新臺幣三〇〇元

二〇一六年（民一〇五）五月初版

ISBN 978-986-314-301-7　　94346

前言

中國書法藝術、源遠流長，歷代書法名家更是不勝枚舉，此乃我國傳統文化一大特色，本人喜好書法應回溯至小學時期，當時學校規定，每日午飯後，都有一個多小時練習書法時間，時日一久，養成習慣，也引起興趣，故有空時便提筆書寫。但自參加社會工作後，時間所限，便少練習，然喜好翰墨，心情從未稍減。

直至退休後，時間充裕，尤以參加老人（松年）大學後，因有書法課程，才得全心研習，先習楷書，次學隸書，再學草書。曾至國家圖書館所屬之藝術暨視聽資料中心，遍覽歷代名家碑帖、楷書如柳公權的玄祕塔、顏真卿之多寶塔、隸書有曹全碑帖；草書有懷素自敘及千字文，于右任的標準草書等稍有心得，並真正體會書道的樂趣。

時值年晉九秩之際，將歷來所書作品彙集成冊、公之於世，祈同好先進不吝雅正。敝帚自珍，勿譏是幸。

本集內容分為四部分：

一、中外名人嘉言錄：

此乃本人當年於高中任教時，每日書寫一則，公布於川堂，供同學閱覽，期能收潛移默化之效，進而對其進德修業，為人處世，有所助益。

二、弟子規：

原名「訓蒙文」，由清朝李毓秀根據宋朝朱熹的「童蒙須知」所改編，經過清朝儒生賈存仁修訂改名為「弟子規」，此書內容主要是在教導孩童應對進退的禮節及待人接物的道理。筆者為教導子孫，逐日書寫一段，展示於庭堂，供其認知、理解、進而身體力行。

三、學習成果：

1.楷書　2.隸書

3.小篆　4.草書

四、後記：

本集内容龐雜，大小不一，編排不易，承文史哲彭正雄先生及彭小姐鼎力協助，克服困難，終能順利如期完成，深表感激。

5　裴尚苑書法

為自己的缺點和錯誤自解自辯的人，是最没有出息的人。—蔣經國—

不敷衍塞責就是負責任，不苟且偷安就是奮發圖強。—蔣經國—

耐心、信心、決心，是每一個人事業成功的基本精神。—蔣經國—

自負除了阻止你進步以外，没有一點值得人家重視的地方。—蔣經國—

斤斤計較個人得失的人，在事業上是不可能有所成功。

—蔣經國—

誠實親切的本性，是我們事業成功的基礎。

—蔣經國—

我們的胸懷自然開闊，氣魄自然雄偉，事業自然成功。

—蔣經國—

在高位做事不要驕，在低位做事不要怨。

—蔣經國—

偉大的事業，都是由最平凡最小的事功堆砌成功的。

—蔣經國—

人間許多苦惱，並不一定來自失敗，而常是來自自私與嫉妒。

羅蘭小語

無論做那一行，只要對別人有貢獻，就會覺得自己有價值。

—羅蘭小語

才識、機緣是成功的因素，但責任感却是成功的要件。

—羅蘭小語—

眼高手低自命不凡的人，終被環境不容，將憂傷以終老。

—羅蘭小語

不重視眼前工作的人，決不會有遠大的將來。

—羅蘭小語

要有容人的雅量，才會有愉快的工作環境。

—羅蘭小語

對工作付出的心力越多，所得的樂趣也越多。

—羅蘭小語

心胸開朗，辛勤工作，將會使你獲得愉快的工作環境。
——羅蘭小語

不珍惜現在，沒有未來；好高騖遠的人永遠兩手空空。
——羅蘭小語

責任感不僅反映一個人的品德，也可預計一個人的成敗。
——羅蘭小語

祛除嫉妒心才可分享別人的快樂。
——羅蘭小語

成功不是競賽，
是盡力而為。
—羅蘭小語

工作不賣力，
吃虧是自己。
—諺語精句—

從事正當職業，
創造美滿人生。
—諺語精句

操作專心，
保養細心，
品質安心，
前途放心。
諺語精句

天下没有白吃的
午餐，人間没有
不勞而獲的財富
。

—諺語精句—

勤勉工作，
誠懇待人。

—諺語精句

對人盡心，
對事用心，
對上忠心，
對下虛心。

諺語精句

點點滴滴努力，
必有收穫之日，
分分秒秒珍惜，
定有成功之時。

—諺語精句

天天總叫苦，黃金也會變成土。

—諺語精句—

選你所愛的工作，愛你所選的工作。

—諺語精句

成功來自努力，而非来自希望。

—西班牙·塞萬提斯—

凡欲成就大事業者，要有過人的健康。

—愛默生—

能把握人生幸福的不是手，而是這一股充沛的力量。

奢者心常貪，儉者心常富。

讀好書．無異與賢人晤談，如沐在春風化雨中．其樂無窮。

人前休逞己長，背後莫議人短，勿論他人是非，常求自己心安。

習慣，最初是「蜘蛛網」，隨後就會變成「纜索」。

做事務必求實、
求精、
求新、
求行。

不明是非的人，
最難待；
不知好壞的人，
最難處。

生命只有一代之久，
英名卻千古長存。

不求上進的人，
最難教；
不分善惡的人，
最難管。

言簡寡過。
行簡寡尤。
則居家處世，
常樂無憂。

克服唯恐不成功
的心理，
才是真正的成功
。

欺人容易欺己難
，
欺己容易欺心難
。

痛苦中不呻吟，貧困中不埋怨，失敗中不頹喪，打擊中不屈服。

一恕字是接物之要，終身可行。一信字是立身之本，人不可無。

立國先要立信，立信先要立法。正世先要正人，正人先要正心。

好高騖遠，怨天尤人，個個討厭；脚踏實地，認真負責，人人歡迎。

不憂不懼，
是大度量。
不疑不惑，
是大智慧。

自然賦予生命，
而智慧賦予美的
生活。

山高山低不必比，
眼前小利何需計
，只要肯努力，
處處都是好園地。

好高騖遠，見異
思遷，萬事難成；
努力學習，埋頭
苦幹，出人頭地。

己經完成的小事，勝過計劃中的大事。

作一事，專一事，事事都成功；作一行，怨一行，行行都困難。

誠者慎行，謙者恭行。厚者重行，智者敏行。

天下無難事，祇需心志堅定，見賢思齊，必能如願以償。

嫉妒是最熱烈、最深入、最明顯的欽佩，也可以說是武裝的欽佩。

惡之所以成為問題，不是因為過多而以至於掩善乃是它雖少但仍佔優勢。

生，要追求新生，生活才有意義；死，要追求永生，生命才有價值。

快樂的秘訣，不是做你喜歡的事，而是喜歡你所做的事。

—諺語精句

職業就是生活；
技術就是財富。
——諺語精句

家財萬貫，
不如一技在身。
——諺語精句

一技走遍天下，
無技寸步難行。
——諺語精句

職業就是尊嚴，
技能就是財富。
——諺語精句

用雙手推動國家建設，用智慧提升生活品質。

—諺語精句

君子以仁存心，以禮存心。

—孟子

求學猶植樹，春天開花朵，秋天結果實。

—愛因斯坦

最重要的學問是辨別義和利。

—亞理斯多德

能容小人
是大人；
能處薄德
是厚德。

憂勞可以興國
逸豫可以亡身

聰明固然令人
羨慕，
勤奮更能使人
佩服。

人未經憂患，
則德慧不成。

職分之內，不可偷惰；
職分之外，不可侵越。

生命因貢獻而富意義。
生活因工作而增情趣。

實踐不欺不妄之準則。

不能則學，
不知則問。

多言不如多知。

言忠信，行篤敬，為道德的事實表徵。

不忘本，不忘恩，為道德的衡量標準。

由小處做，往大處想；從近處起，往遠處看。

時然後言，人不厭其言。

經一番挫折，長一番見識。

才智之人，吾師以應變。緘默之人，吾師以存神。

天助助人者，人助自助者。

「禮」是規規矩矩的態度。

事事以國家為前提。處處以民族為本位。

以求財貨之心以求學問。以求功名之心求道德。

病莫大於不聞過。辱莫大於不知恥。

喜聞人過，
不若喜聞己過。
樂道己善，
何如樂道人善。

作事不可存畏
難之心，自動精
勤的來研究，就
沒有學不好的。

若要問別人能
為你做什麼，
先要想你能為
別人做什麼。

增一層小心，
減一層不幸；
少一分精神，
多一分意外。

大丈夫：
富貴不能淫，
貧賤不能移，
威武不能屈。

以史為鏡，
可以知興替，
以人為鏡，
可以明得失。

大丈夫：
以仁居心，
以禮立身，
依義行事。

將欲論人
長短，
先思自己
如何。

學而不思則罔，思而不學則殆。

出言不當，反自傷也。

知足者貧賤亦樂，不知足者富貴亦憂。

勤則雖柔必強，雖愚必明。

良藥苦口，利於病。忠言逆耳，利於行。

人知足，則天下有餘；人安分，則天下無爭。

天下無不勞而倖得之收穫，亦無徒勞而不穫之耕耘。

力行勝於空言。

未病預防，
勿使發生；
已病速治，
止其擴張。

處事從容
則有餘味；
為人從容
則有餘年。

人皆可以
為堯舜。
堯舜之道，
孝弟而已矣。

一分健康，
一分精神，
一分精神，
一分事業。

信用隨地者，如鏡碎不能重圓。

改過是光明磊落的行為。文過是欺人害己的罪惡。

謙和二字，一生受用不盡

不必言而言，是謂多言，多言招尤。

見善如不及，見不善如探湯

一日之計在於晨。一年之計在於春。

能克服自己的暴怒，便能克服最強的敵人。

所謂惡運大半都是只圖眼前的享樂而不重視工作的結果

和以處眾，恕以待人。
嚴以律己，寬以待人。

天才是一分靈感，九十九分血汗。

樂善不倦，從善如流。

日新又新
實踐篤行

巧言亂德。
小不忍
則亂大謀。

子曰：
居處恭，
執事敬，
與人忠。

有自信心的人
可以
化渺小為偉大
化平庸為神奇

唯寬可以容人
唯厚可以載物

不責人小過．
不揭人隱私
不念舊惡．
三者可以養德

懶惰
使萬事困難，
勤勉
則使之容易。

忍一時之氣，
免百日之憂。

膽欲大，
心欲小。
智欲圓，
行欲方。

君子慎言語，
節飲食；
二者養德養身
最切要。

仁
人之安宅也。
義
人之正路也。

君子恭敬，
遵節，
退讓，
以明禮。

責己者可以
成人之善。
責人者適以
長己之惡。

教育的根，是苦的，但它的果實，卻是甜的。

登高必自卑，行遠必自邇。

非禮勿動，非禮勿視，非禮勿聽，非禮勿言。

完美的人格，高尚的品德，是從實際生活中鍛鍊出來的惟禮可以沮暴。
惟誠可以破詐。

智者思而後言；
愚者言而後思。

道雖邇不行不至。
事雖小不為不成。

經一番挫折．
長一番見識。

精神不收拾，則讀書無滋味。

養心莫善於寡欲。

每事責己，則己德日進，以之處人，無往不順。

克服障碍，達到目的，惟賴智慧、勤謹、與機敏三者。

勇者創造命運；
弱者仰賴命運。

事無不勞
而成者。

道理須是
舉目可見，
舉足可行，
方是實理。

浪費者終難久
富，
節儉者必不致
貧。—富蘭克林

人惟忘我。
才能從人群中
找到自己。

光明正大
奮發向上

禮貌輕薄不周
便易招致恥辱

盡己為人
去私尚公

接人要和中有介。處事要精中有果。

説一尺不如行一寸。

内而專靜純一；外而整齊嚴肅。

群居守口，獨坐防心。知足常樂，能忍自安。

群居守口，
獨坐防心。
知足常樂，
能忍自安。

片刻不能忍，
煩惱日月增。

泰山不厭土壤
故能成其大。
河海不擇細流
故能成其深。

是非審之於己，
毀譽聽之於人，
得失安之於數。

滿招損，謙受益。

贈人以言，重於珠玉。傷人以言，甚於劍戟。

多門之室生風，多口之人生禍

短不可護，護則終短。長不可矜，矜則不長。

學問之道無他
求其放心而已

迷戀既往，盼
望將來，而漠
視現在的人，
皆愚不可及。

處世戒多言，
言多必失。

黃金
沒有種子，
它只生在
勤儉的家裡。

進步
不是自滿者
所造成的。

惡言不出於口
忿言不出於身

合群服務
負責守紀

孝父母，
敬兄長，
為道德的
實踐始基。

習勞為辦事之本

笑成春天怒成冬；喜添健康惱添病。

不磨不成玉，無苦不成人。

君子篤於禮而薄於利。

非分之想，
莫萌；
無益之事。
莫作！

每個人都是
自己的命運
的建築師。

一己應為之事
勿求他人．
今日應為之事
勿待明日。

謙恭善下之人
吾師以親師友
博學強識之人
吾師以廣見聞

喜聞過者，
忠言日至；
惡聞過者，
諛言日增。

休怨我不如人
不如我者尚眾
休誇我能勝人
勝過我者還多

君子若愛一文
則不值一文。
與其濁富，
寧可清貧。

事父母幾諫，
見志不從，
又敬不違，
勞而不怨。

心境如青天白日，立品如光霽風月，這才是儒者氣象。

男兒事業：經綸天下，識見要高，規模要大。

莫行心上過不去之事。莫萌事上行不去之心。

臨事須替別人想。論人先將自己想。

把胸襟敞開；
把眼光放遠。

事能知足心常愜，
人到無求品自高。

日日行，
不怕千萬里。
常常做，
不怕千萬事。

謙退
是保身第一法
安詳
是處事第一法

見利思義，
見得思義。

生命在閃光中
見出燦爛，
在平凡中
見出真實。

眾口鑠金，
積毀銷骨。

人無禮則不生
事無禮則不成
國家無禮則
不寧。

把每個步驟變成目標、把目標變成步驟．便能成功

去知道那些最值得知道的事；去做那些最值得做的事。

學問的第一目的為管制自己。道德的第一目的為顧及他人。

成功的唯一祕訣是堅持最後一分鐘。

動則思禮，
行則思義。

求名
宜求萬世名；
計利
當計天下利。

絶不可說「沒有
辦法」，那祇是
低能和自私的
人的口頭禪。

成功是屬於
那些
不屈
不撓的人。

生命是一篇小說，不在長而在好。

真正的知識是道德。

從無望中發現希望，再使希望成為事實。

失敗了這次，還有下次；失掉了今天，再無今天。

有至誠，
就是學問少、
口才拙，
也能感動人。

息怒妙方：
怒時數十，
盛怒數百，
稍安勿躁。

不斷問
就能懂；
不斷學
就能會。

把信心
分給別人
是
一件善行。

把眼光
看到將來；
把力量
用於現在。

金錢是善良的
佣人，
但也是
罪惡的主人。

貧者
因書而富；
富者
因書而貴。

書必擇而讀，
人必擇而交，
言必擇而聽。

以責人之心
責己
便少過失。

互助合作
爭取團體榮譽

君子處事，
於義合者為利
，於義背者為
害。

「自私」者的心田
裡栽不出
「同情」的花朵。

靜以修身。
儉以養福。
入則篤行，
出則友賢。

處人不可任己意，要悉人之情。
處事不可任己見，要悉事之理。

寬厚之人，
吾師以養量。
縝密之人，
吾師以鍊識。

名譽
自屈辱中彰。
德量
自隱忍中大。

健康是人生最富裕的產業。

心不細則慮事不周；心不定則臨事必怯。

智慧之於心，猶健康之於身體。

助人是我們人生至高無上的快樂。

以言感人，不若以行感人。

人生須做天地間第一等事，為天地間第一等人。

學業才識，不日進則日退。

去私心，存公道，為道德的基本精神。

該做之事，不分大小，但求做好；非份之財，不論多寡，一律不要。

自敬則人敬之
自慢則人慢之

快樂猶香水，向人灑得多，自己也必沾上幾滴。

勤勉是無價之寶，謹慎是護身的咒符。
—莎士比亞

君子
不隱其短，
不知則問，
不能則學。

人
而好善，
福雖未至，
禍其遠矣。

弟子規

動則思禮，
行則思義。

弟子規
聖人訓
首孝弟
次謹信
汎愛眾
而親仁
有餘力
則學文

父母呼
應勿緩
父母命
行勿懶
父母教
須敬聽
父母責
須順承

冬則温
夏則清
晨則省
昏則定
出必告
反必面
居有常
業無變

事雖小
勿擅為
苟擅為
子道虧
物雖小
勿私藏
苟私藏
親心傷

親所好
力為具
親所惡
謹為去
身有傷
貽親憂
德有傷
貽親羞

親憎我
孝方賢
親愛我
孝何難
親有過
諫使更
怡吾色
柔吾聲

諫不入
悅復諫
號泣隨
撻無怨
親有疾
藥先嘗
晝夜侍
不離床

喪三年
常悲咽
居處變
酒肉絕
喪盡禮
祭盡誠
事死者
如事生

兄道友
弟道恭
兄弟睦
孝在中
財物輕
怨何生
言語忍
忿自泯

或飲食
或坐走
長者先
幼者後
長呼人
即代叫
人不在
己即到

稱尊長
勿呼名
對尊長
勿顯能
路遇長
疾趨揖
長無言
退恭立

騎下馬
乘下車
過猶待
百步餘
長者立
幼勿坐
長者坐
命乃坐

尊長前
聲要低
低不聞
卻非宜
進必趨
退必遲
問起對
視勿移

事諸父
如事父
事諸兄
如事兄
朝起晚
夜眠遲
老易至
惜此時

晨必盥
兼漱口
便溺回
輒淨手
冠必正
紐必結
襪與履
俱緊切

置冠服 有定位 勿亂頓 致污穢 衣貴潔 不貴華 上循分 下稱家

對飲食 勿揀擇 食適可 勿過則 年方少 勿飲酒 飲酒醉 最爲醜

步從容 立端正 揖深圓 拜恭敬 勿踐閾 勿跛倚 勿箕踞 勿搖髀

緩揭簾
勿有聲
寬轉彎
勿觸棱
執虛器
如執盈
入虛室
如有人

事勿忙
忙多錯
勿畏難
勿輕略
鬥鬧場
絕勿近
邪僻事
絕勿問

將入門
問孰存
將上堂
聲必揚
人問誰
對以名
吾與我
不分明

用人物
須明求
倘不問
即為偷
借人物
及時還
人借物
有勿慳

凡出言
信為先
詐與妄
奚可焉
話說多
不如少
惟其是
勿佞巧

刻薄話
穢汙詞
市井氣
切戒之
見未真
勿輕言
知未的
勿輕傳

事非宜 勿輕諾 苟輕諾 進退錯 凡道字 重且舒 勿急遽 勿模糊

彼說長 此說短 不關己 莫閒管 見人善 即思齊 縱去遠 以漸躋

見人惡 即內省 有則改 無加警 惟德學 惟才藝 不如人 當自勵

若衣服
若飲食
不如人
勿生戚
聞過怒
聞譽樂
損友來
益友卻

聞譽恐
聞過欣
直諒士
漸相親
無心非
名爲錯
有心非
名爲惡

過能改
歸於無
倘掩飾
增一辜
凡是人
皆須愛
天同覆
地同載

顏眞卿贈將軍詩卷

裴將軍（旻）

大君制六合，猛將清九垓　戰馬若龍虎，騰陵何壯哉
將軍臨北荒，恒赫耀英材　劍舞躍游雷，隨風縈且迴
登高望天山，白雪正崔嵬　入陣破驕虜，威聲雄震雷
一射百馬倒，再射萬夫關　匈奴不敢敵，相呼歸去來
功成報天字，可以畫麟臺

（十八句，九十字）

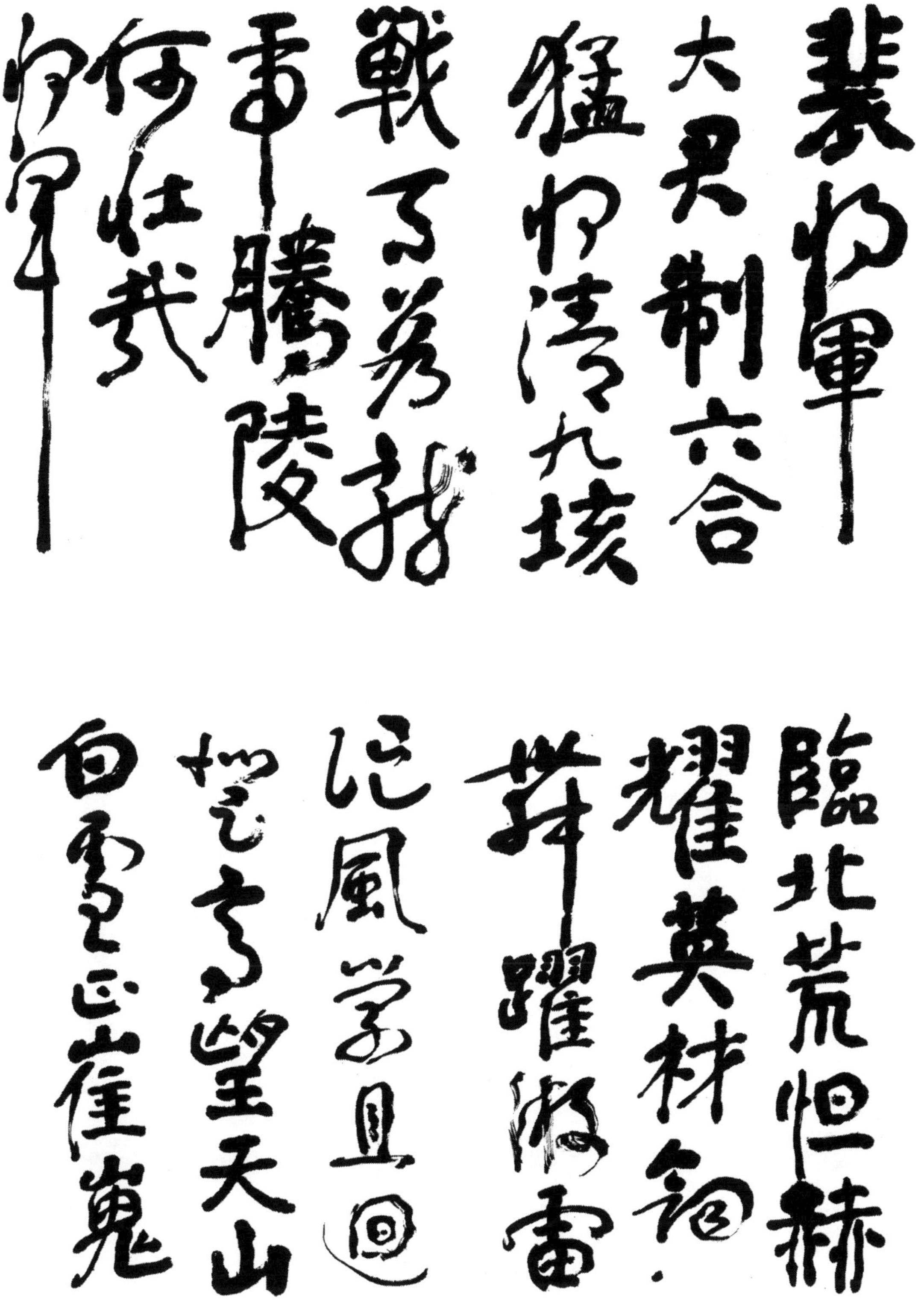
裴將軍
大君制六合
猛將清九垓
戰馬若龍虎
騰陵何壯哉
將軍臨北荒
恒赫耀英材
劍舞躍遊電
隨風縈且迴
登高望天山
白雲正崔嵬

入陣破驕虜
威聲雄震
雷一射百馬倒
再射萬夫開
匈奴不敢敵相
呼歸去來
功成報天子
可以畫麟
臺

壬辰小滿 八十六常樂翁臨
忠義堂顏書裴將軍詩

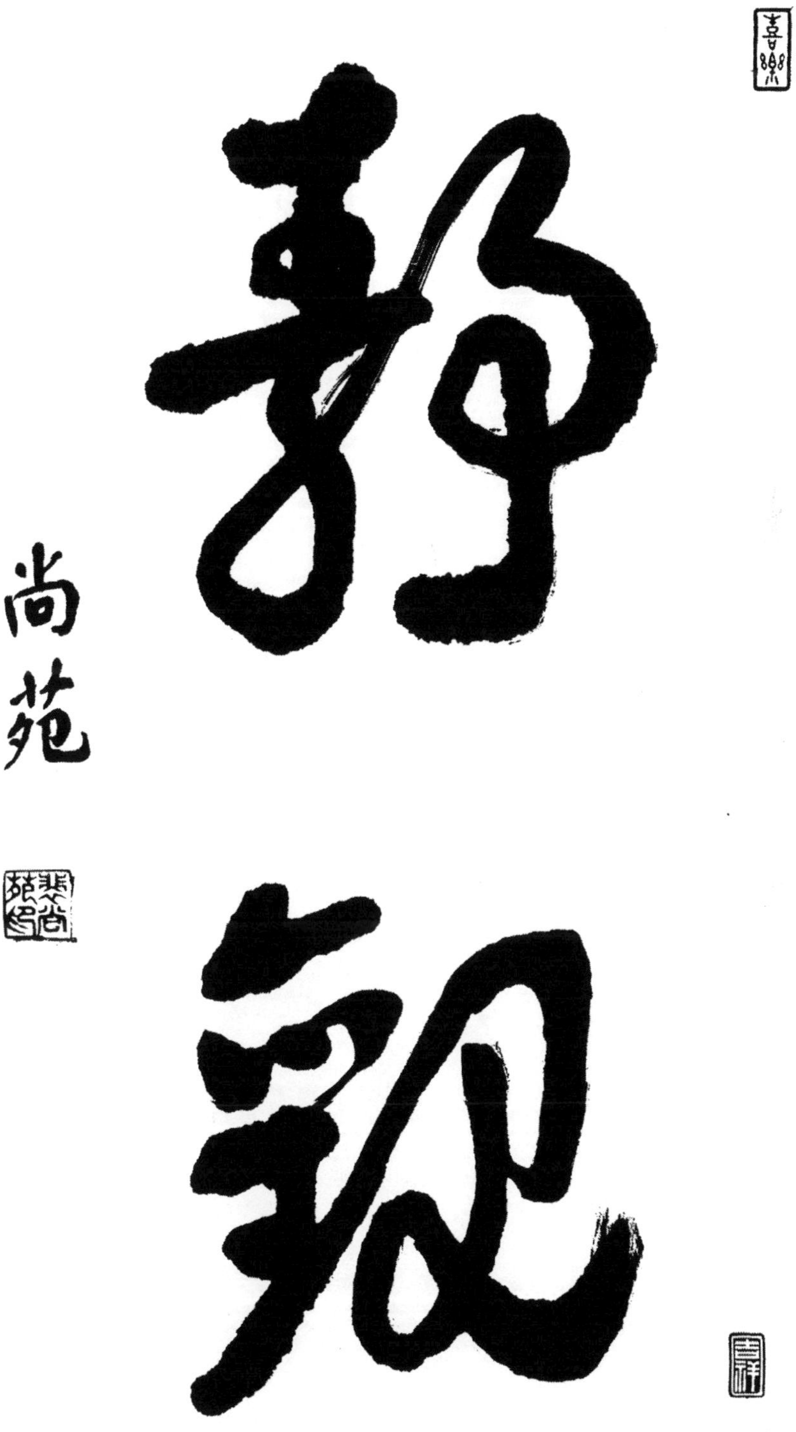
靜觀
尚苑

半畝方塘一鑑開天
光雲影共俳佪問渠
那得請如許謂有源
頭浯水来

宋朱晦庵觀書有感

辛卯孟夏　裴尚苑

為文以載道
論詩將通禪
辛卯仲夏
裴尚苑

忠孝

上事於君下交於友
內外一誠終能長久
敬父如天敬母如地
汝之子孫亦復如是

臨宋丞相　文天祥　裴尚苑書

陋室銘
山不在高有僊則名水不在深有龍則靈斯是陋室惟吾德馨苔痕上階綠草色入簾青談笑琴閱金經無絲竹之亂耳無案牘之勞形南陽諸葛廬西蜀子雲亭孔子云何陋之有
癸巳冬至 晉南 常樂翁

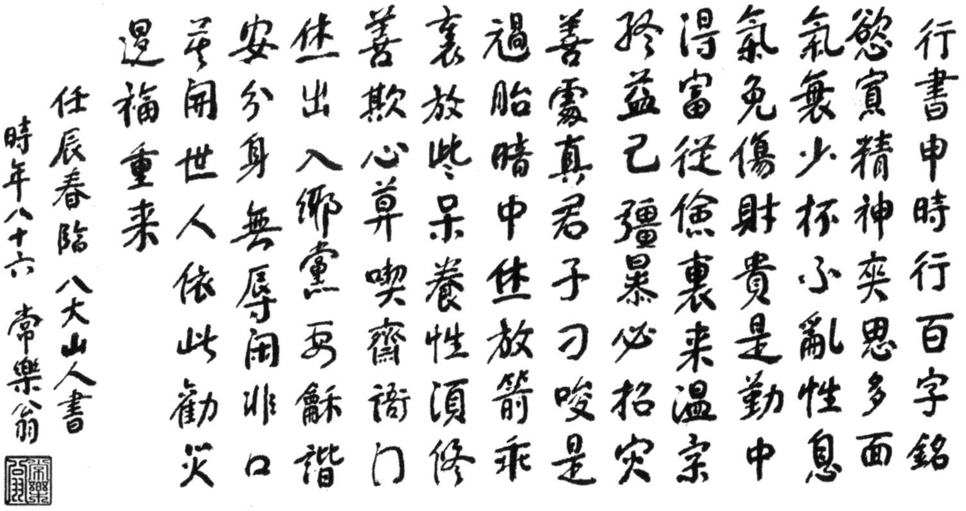
行書申時行百字銘
慾寡精神爽思多血氣衰少杯不亂性忍氣免傷財貴是勤中得富從儉裏来溫柔終益己彊暴必招灾善處真君子刁唆是禍胎暗中休放箭乖裏放些呆養性須修善欺心莫喫齋衙门休出入鄉黨要龢諧安分身無辱閑非口莫開世人依此勸灾退福重来
壬辰春臨 八大山人書
時年八十六 常樂翁

處處為他人
設想
看他們需要
什麼
能這么做的人
永不寂寞

人生若能減
低慾望
生活上便沒
有什麼值得
計較

儘量發現
別人的優點
給予
真誠、慷慨
的讚賞。

真誠的
關心他人。

微笑
威力無比
它會給你
帶来快樂健康
和財富。

微笑是
最好的禮物
它價值豐盛
却不費錢

談論他人感興趣的話題，對雙方都有好處。

處世原則不批評；不責備；不抱怨。

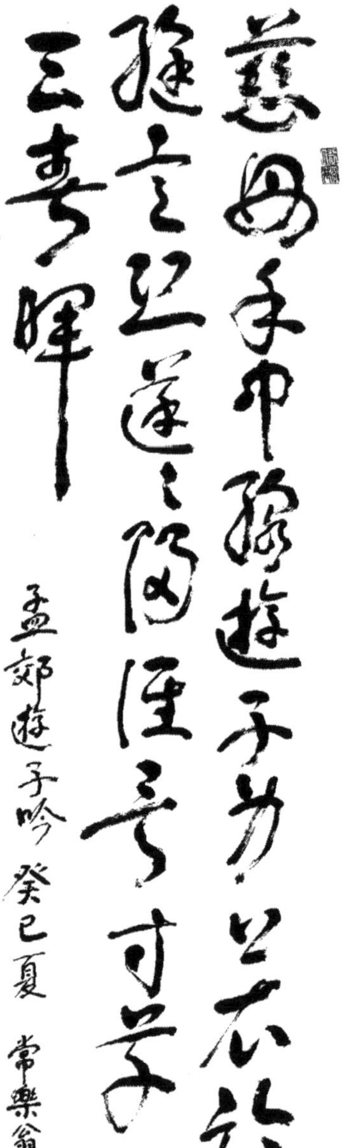
慈母手中線遊子身上衣臨行密密縫
意恐遲遲歸誰言寸草心報得
三春暉
孟郊遊子吟 癸巳夏 常樂翁 裴尚苑書

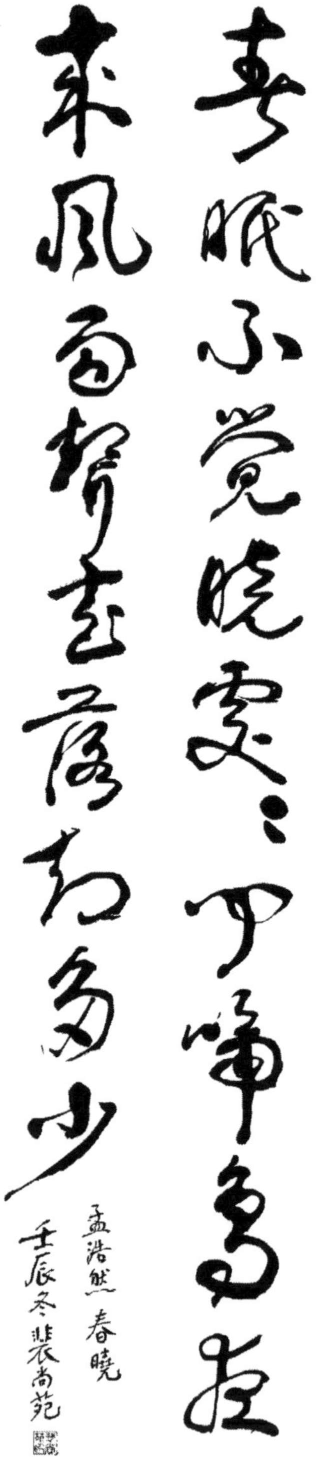
春眠不覺曉處處聞啼鳥夜
來風雨聲花落知多少
孟浩然 春曉
壬辰冬 裴尚苑

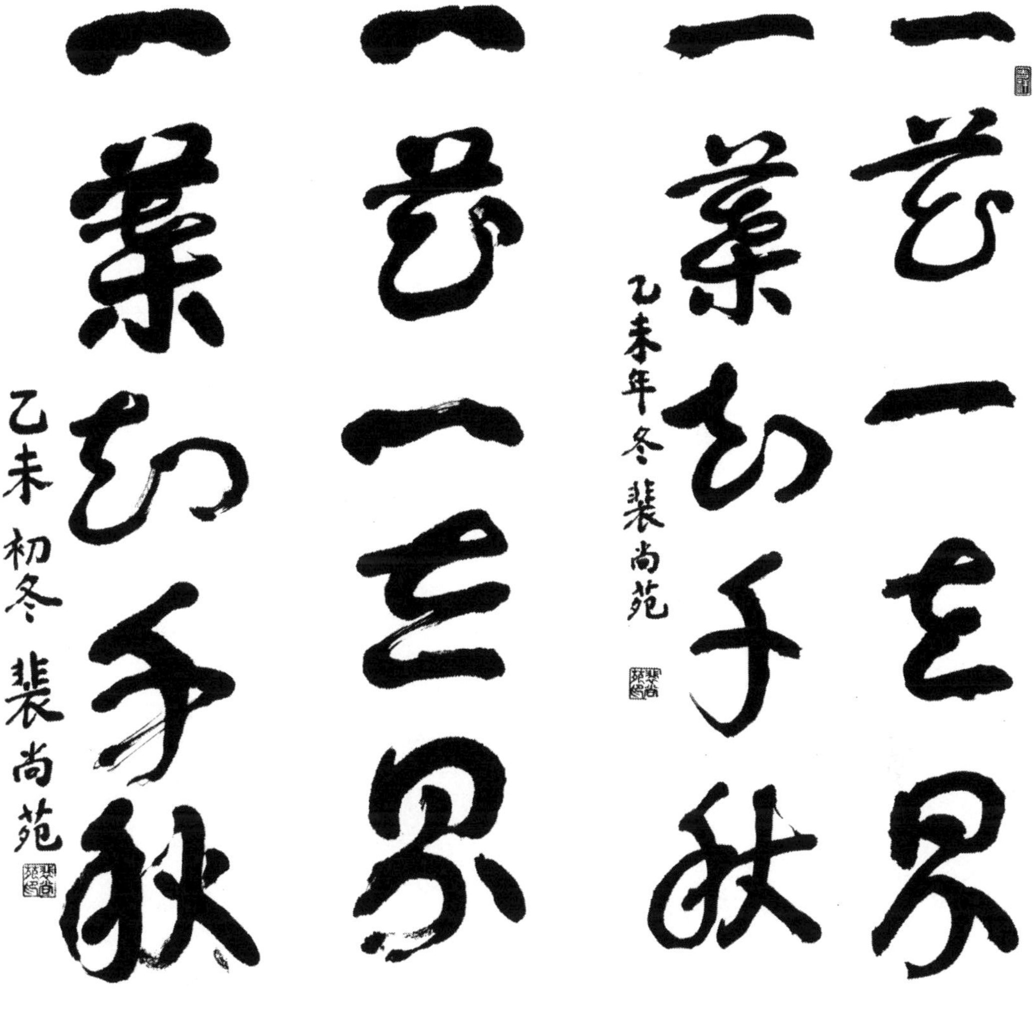
一花一世界
一葉知千秋
乙未年冬 裴尚苑
一花一世界
一葉知千秋
乙未初冬 裴尚苑

無數山蟬噪夕陽高峰影裏
坐陰涼石邊偶看清泉滴風
過徹聞松葉香
甲午年初冬
裴尚苑

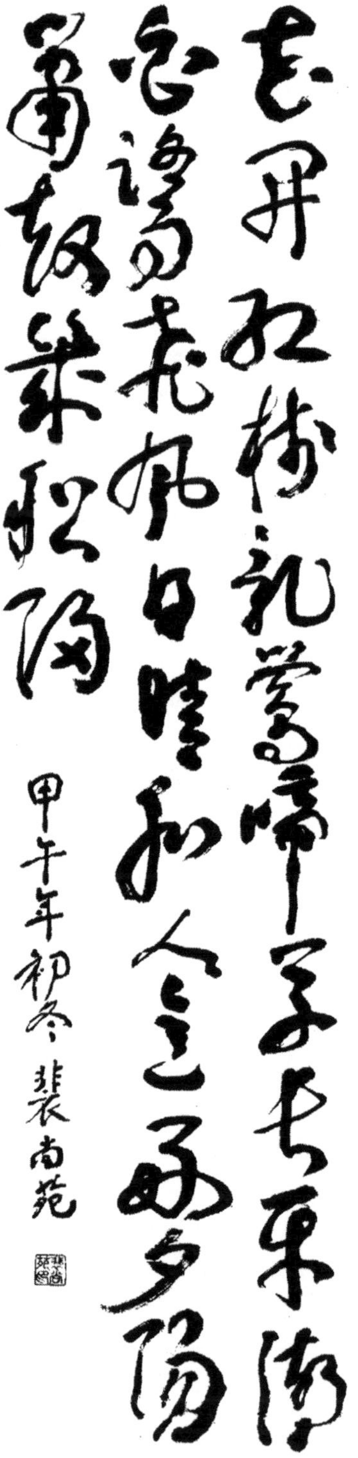
甲午年初冬
裴尚苑

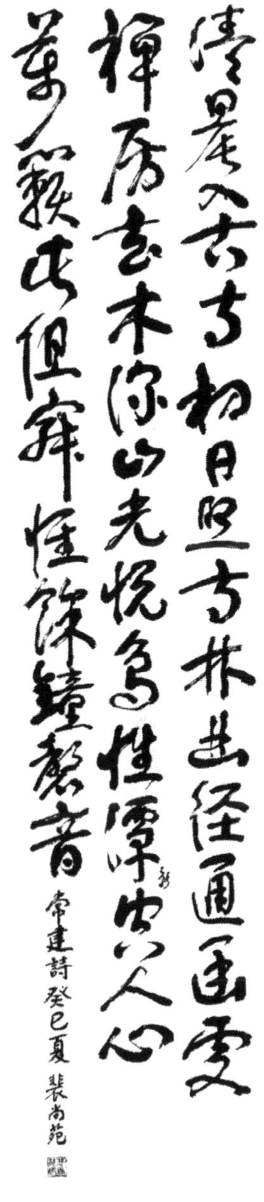
清晨入古寺初日照高林曲徑通幽處
禪房花木深山光悅鳥性潭影空人心
萬籟此俱寂惟餘鐘磬音
常建詩 癸巳夏 裴尚苑

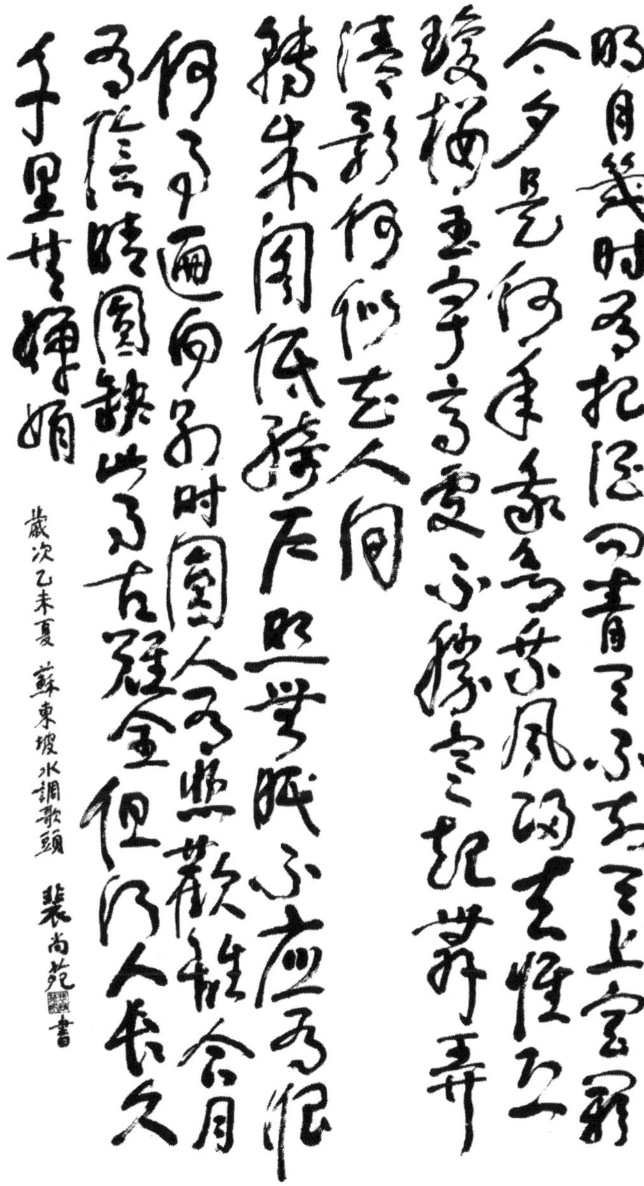
明月幾時有把酒問青天不知天上宮闕
今夕是何年我欲乘風歸去惟恐
瓊樓玉宇高處不勝寒起舞弄
清影何似在人間
轉朱閣低綺戶照無眠不應有恨
何事長向別時圓人有悲歡離合月
有陰晴圓缺此事古難全但願人長久
千里共嬋娟
歲次乙未夏 蘇東坡水調歌頭 裴尚苑書

大道之行也天下爲公選賢與能講信脩
睦故人不獨親其親不獨子其子使老有
所終壯有所用幼有所長矜寡孤獨廢疾
者皆有所養男有分女有歸貨惡其棄於
地也不必藏於己力惡其不出於身也不
必爲己是故謀閉而不興盜竊亂賊而不
作故外戶而不閉是謂大同

小篆 禮運大同篇

歲次癸巳冬　裴尚苑書

大道之行也天下為公選賢與能講信脩
睦故人不獨親其親不獨子其子使老有
所終壯有所用幼有所長矜寡孤獨廢疾
者皆有所養男有分女有歸貨惡其棄於
地也不必藏於己力惡其不出於身也不
必為己是故謀閉而不興盜竊亂賊而不
作故外戶而不閉是謂大同

禮運大同篇 歲次癸巳冬 松大 裴尚苑 書

岳忠武王詞　調寄滿江紅

怒髮衝冠憑闌處瀟瀟雨歇抬望眼仰天長嘯壯懷激烈三十功名塵與土八千里路雲和月莫等閒白了少年頭空

悲切　靖康恥猶未雪
臣子恨何時滅駕長車
踏破賀蘭山缺壯志飢
餐胡虜肉笑談渴飲匈
奴血待從頭收拾舊山
河朝天闕

歲次癸巳冬
晉南常樂公羽書

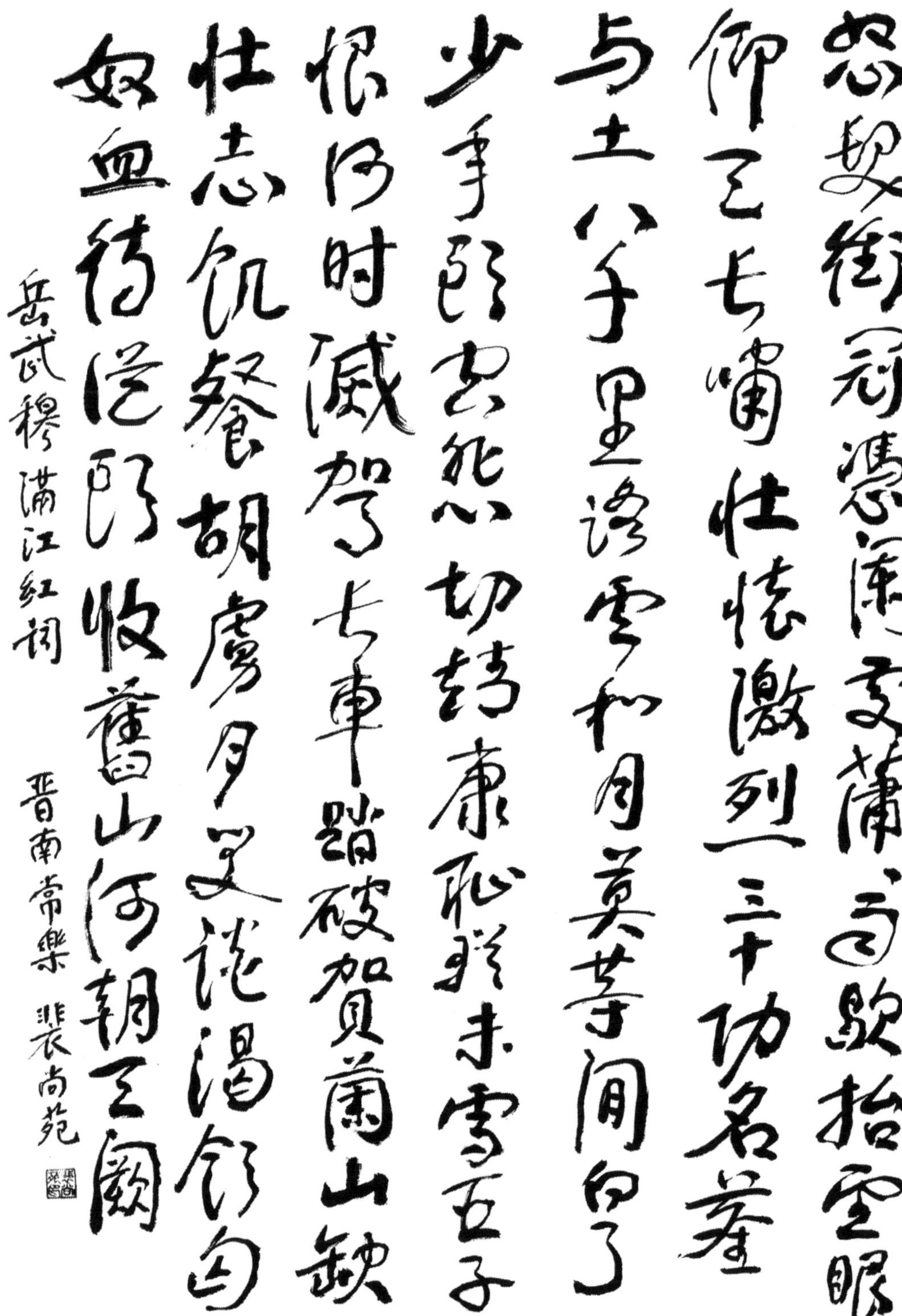
怒髮衝冠憑闌處瀟瀟雨歇抬望眼
仰天長嘯壯懷激烈三十功名塵
与土八千里路雲和月莫等閒白了
少年頭空悲切靖康恥猶未雪臣子
恨何時滅駕長車踏破賀蘭山缺
壯志飢餐胡虜肉笑談渴飲匈
奴血待從頭收舊山河朝天闕
岳武穆滿江紅詞
晉南常樂 裘尚苑

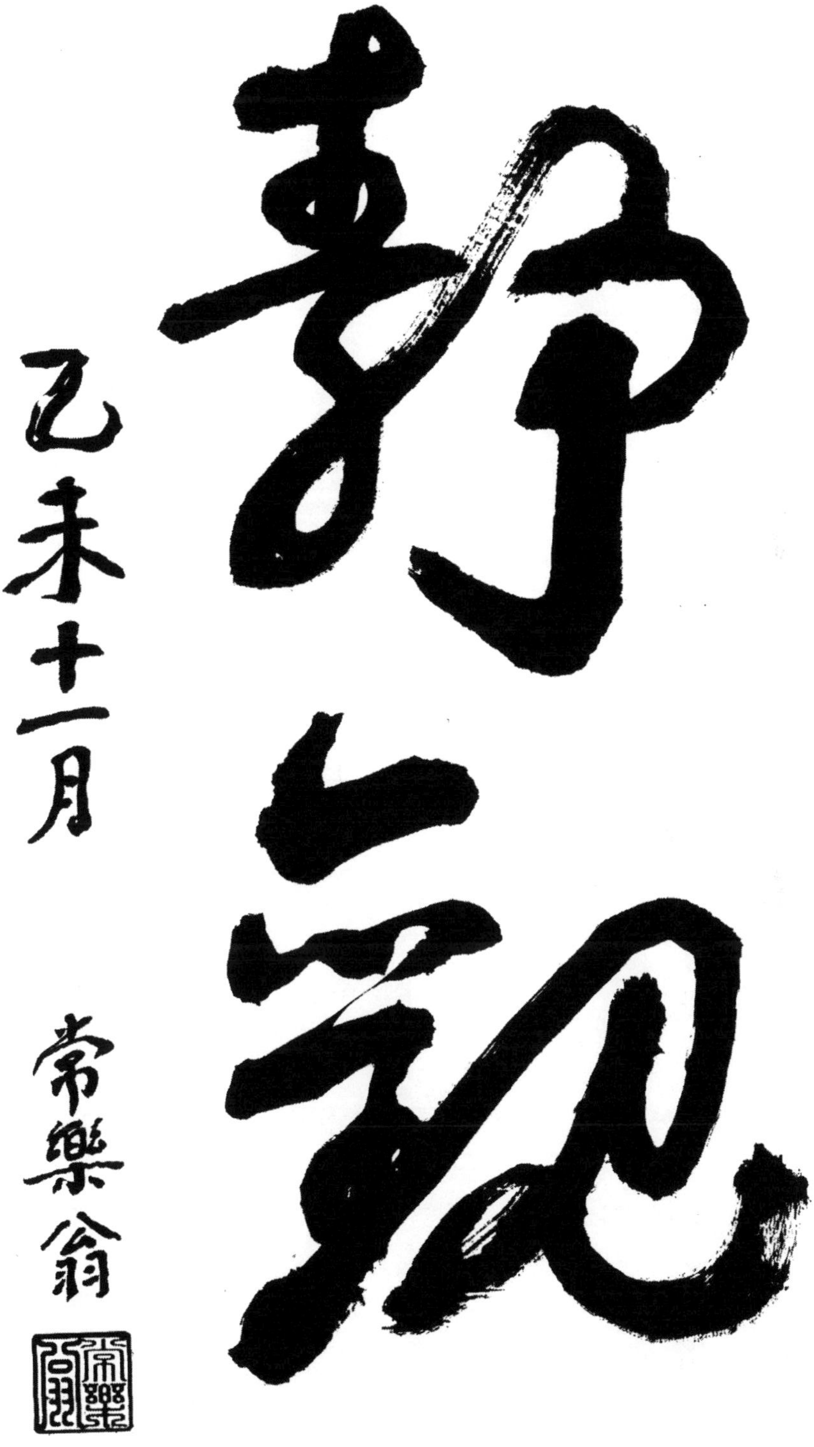

97　裴尚苑書法

戒貪

絶不貪小便宜
會因小失大
後悔莫及

節欲

若非己有
一介勿取

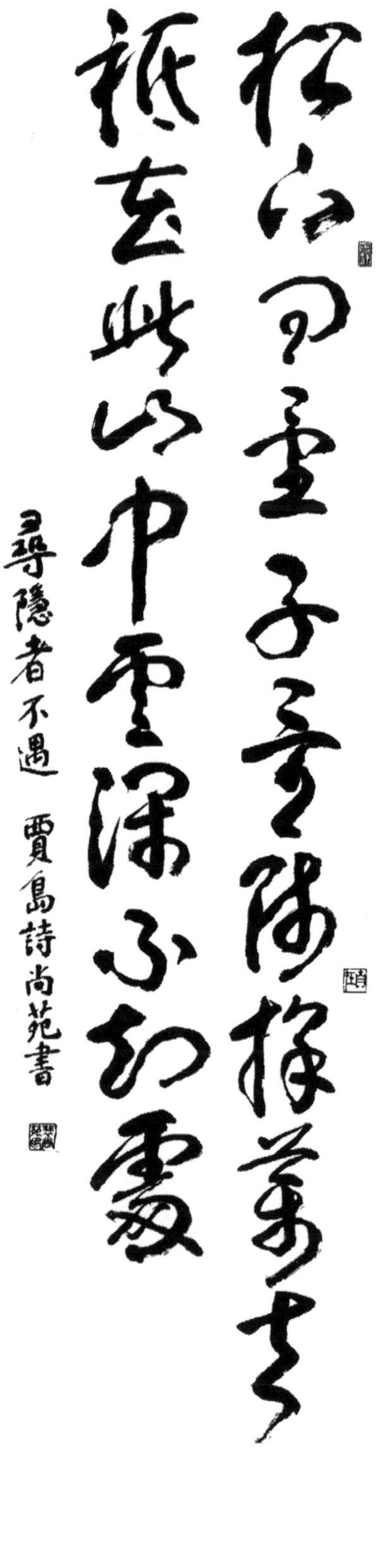
松下問童子言師採藥去
只在此山中雲深不知處
尋隱者不遇 賈島詩尚苑書

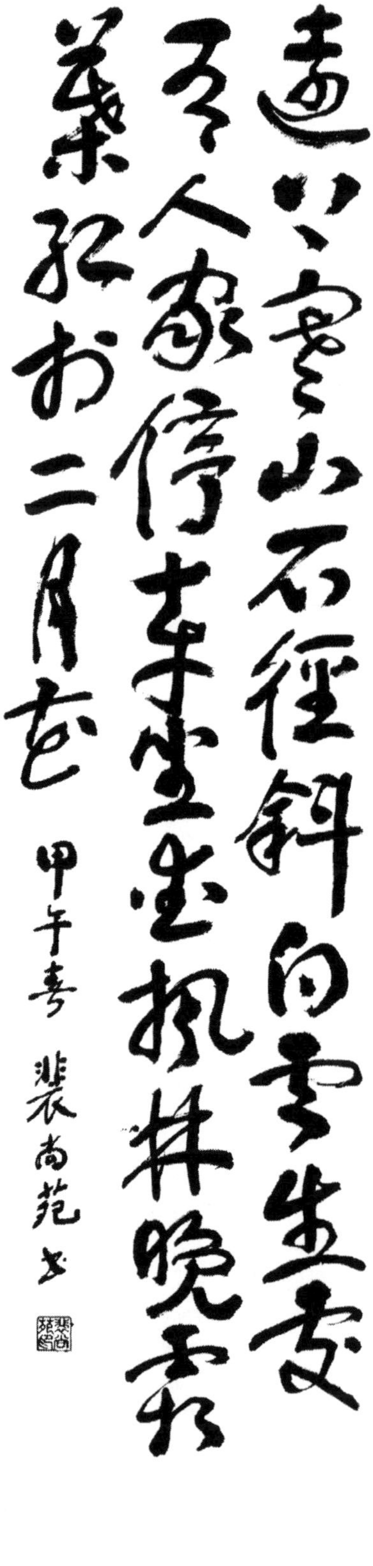
遠上寒山石徑斜白雲生處
有人家停車坐愛楓林晚霜
葉紅於二月花
甲午春 裴尚苑书

少小離家老大回
鄉音無改鬢毛衰
兒童相見不相識
笑問客從何處來
回鄉偶書 賀知章
歲次辛卯 裴尚苑書

勤儉持家日日豐人人相忍樂
融融兄弟姊妹情義重全家上
下不倒翁

歲次癸巳孟夏
常樂翁 裴尚苑 書

為文以載道
論詩持通禪

歲次辛卯
裴尚苑

家庭

是個生命共同體，
有福共享有難同當。

松下問童子
言師採藥去
只在此山中
雲深不知處

甲午春 賈島 尋隱者不遇

裴尚苑書

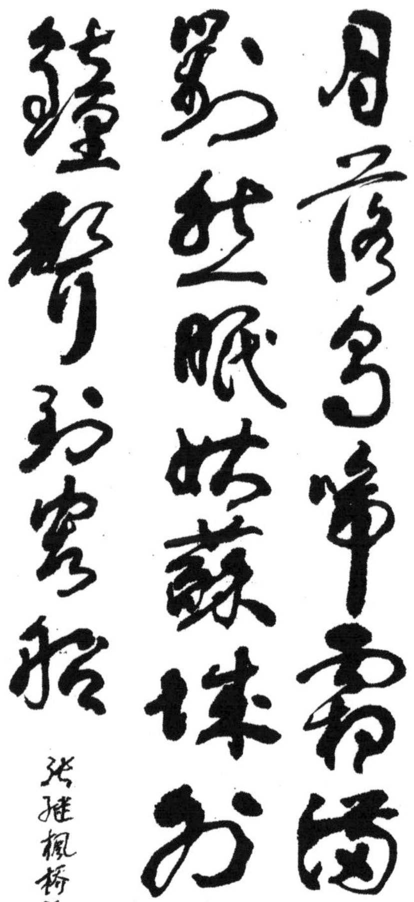
月落烏啼霜滿天
江楓漁火對愁眠
姑蘇城外寒山寺
夜半鐘聲到客船
張繼楓橋夜泊 壬辰初冬 裴尚苑書

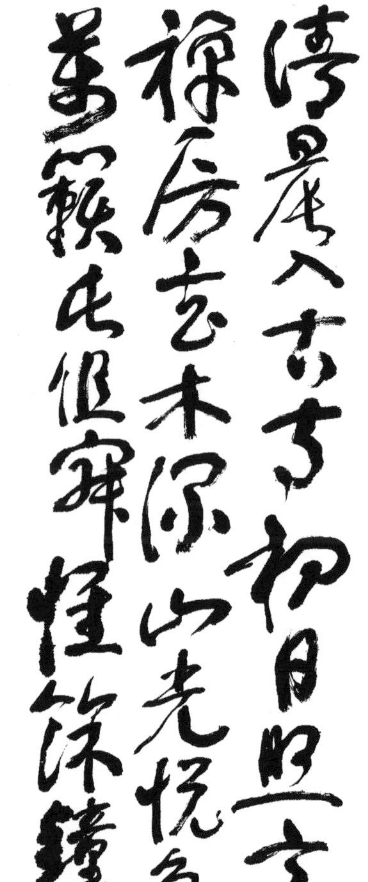
清晨入古寺 初日照高林
曲徑通幽處 禪房花木深
山光悅鳥性 潭影空人心
萬籟此俱寂 惟餘鐘磬音
常建題破山寺後禪院
癸巳夏 常樂 裴尚苑書

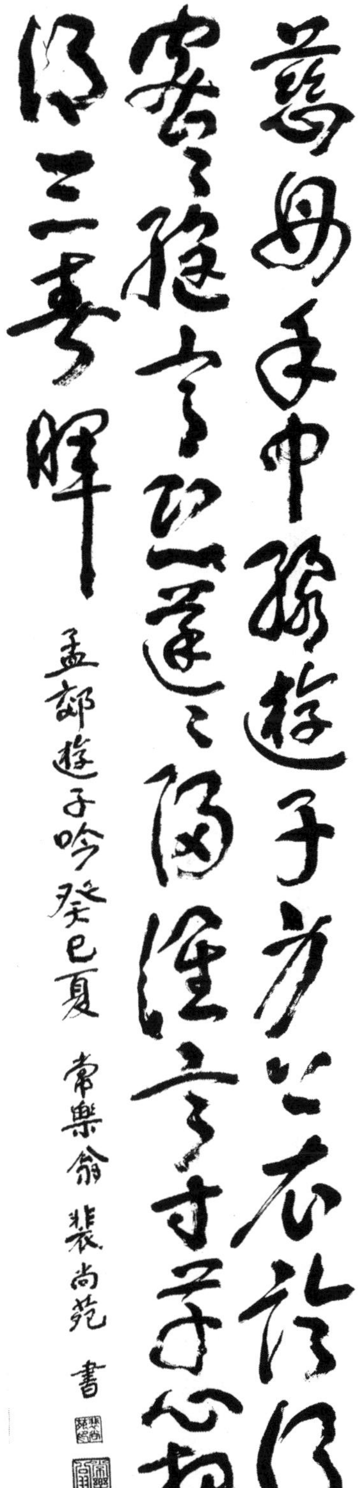
慈母手中線遊子身上衣臨行
密密縫意恐遲遲歸誰言寸草心報
得三春暉
孟郊遊子吟癸巳夏
常樂翁 裴尚苑 書

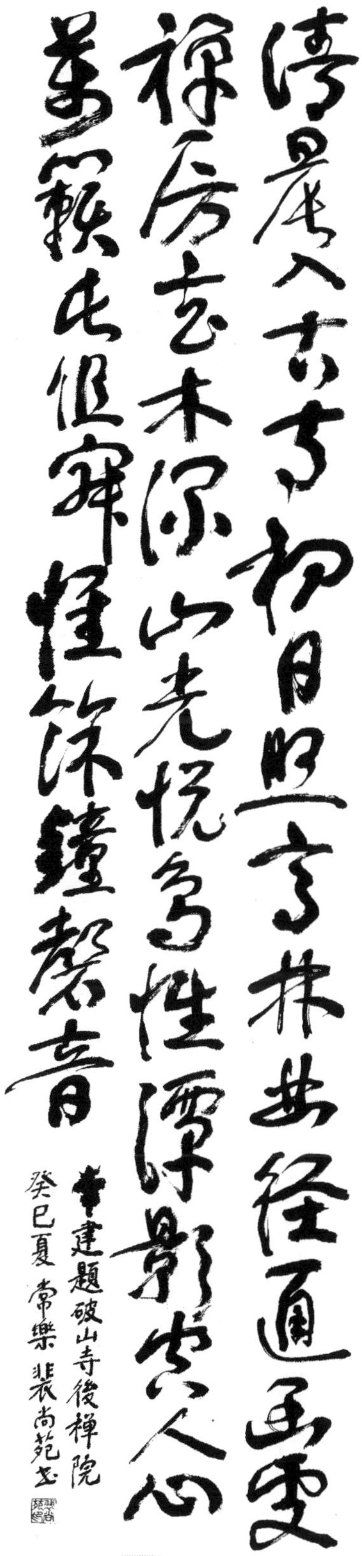
清晨入古寺初日照高林曲徑通幽處
禪房花木深山光悅鳥性潭影空人心
萬籟此俱寂惟餘鐘磬音
常建題破山寺後禪院
癸巳夏 常樂 裴尚苑 書

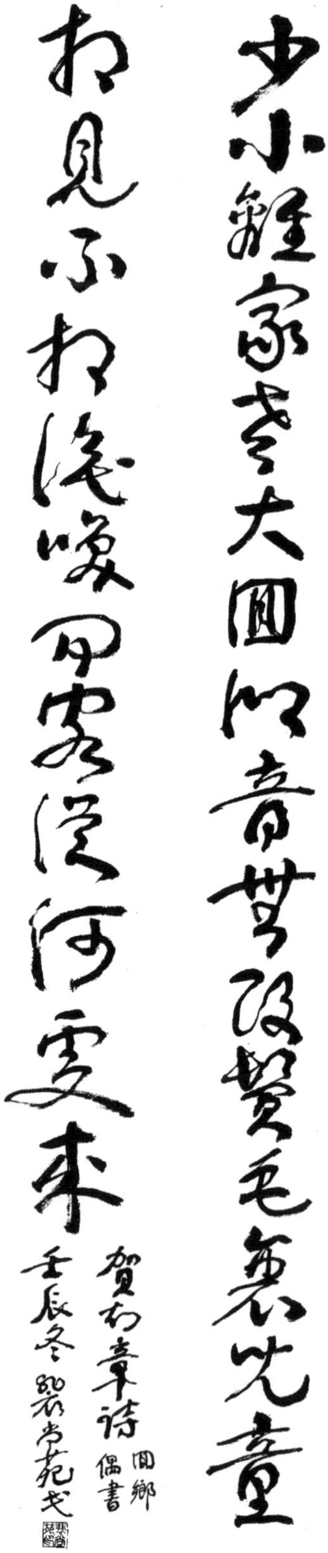
少小離家老大回鄉音無改鬢毛衰兒童
相見不相識笑問客從何處來
賀知章詩 回鄉偶書
壬辰冬 裴尚苑书

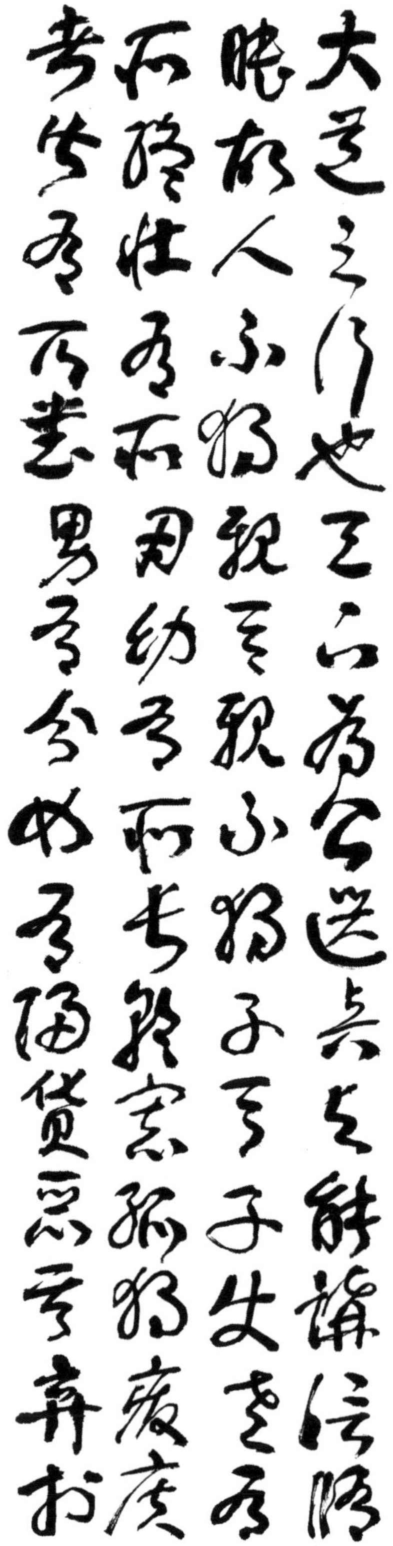
大道之行也天下為公選賢與能講信脩
睦故人不獨親其親不獨子其子使老有
所終壯有所用幼有所長矜寡孤獨廢疾
者皆有所養男有分女有歸貨惡其棄於

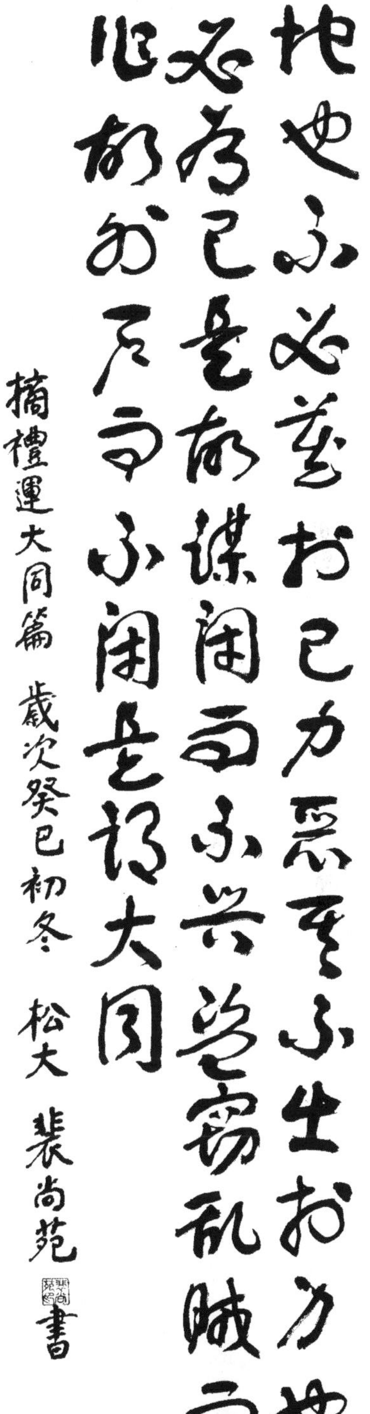
地也不必藏於己力惡其不出於身也不
必為己是故謀閉而不興盜竊亂賊而不
作故外戶而不閉是謂大同
摘禮運大同篇　歲次癸巳初冬　松大　裴尚苑書

清晨入古寺初日照高林曲徑通幽處禪房
花木深山光悅鳥性潭影空人心萬籟此俱
寂但餘鐘磬音
常建破山寺後禪院詩　甲午年初夏　裴尚苑

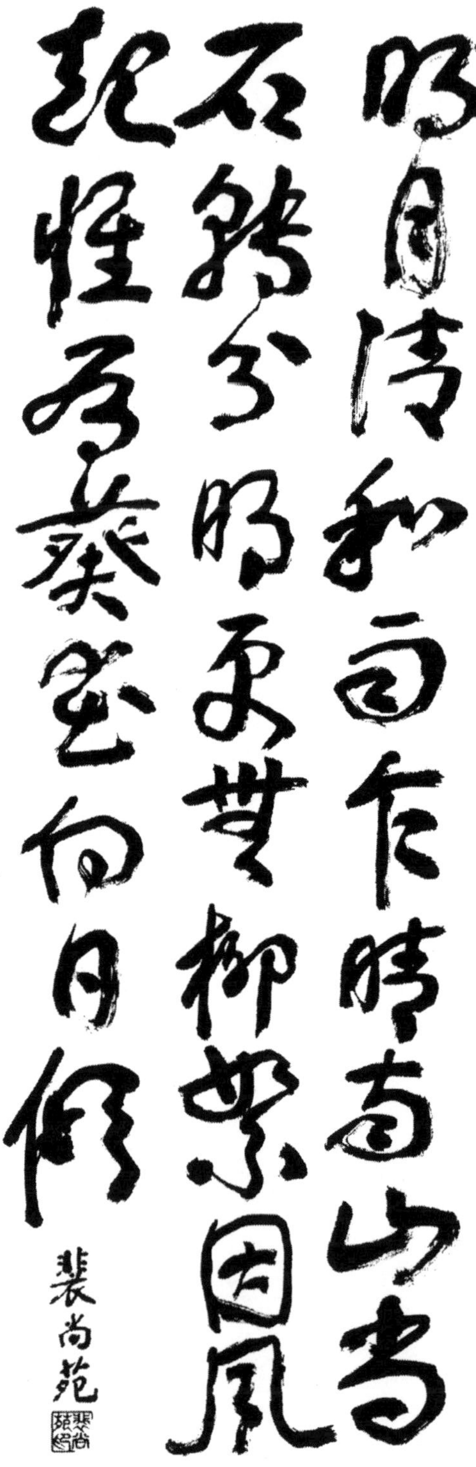
四月清和雨乍晴南山當
戶轉分明更無柳絮因風
起惟有葵花向日傾
裴尚苑

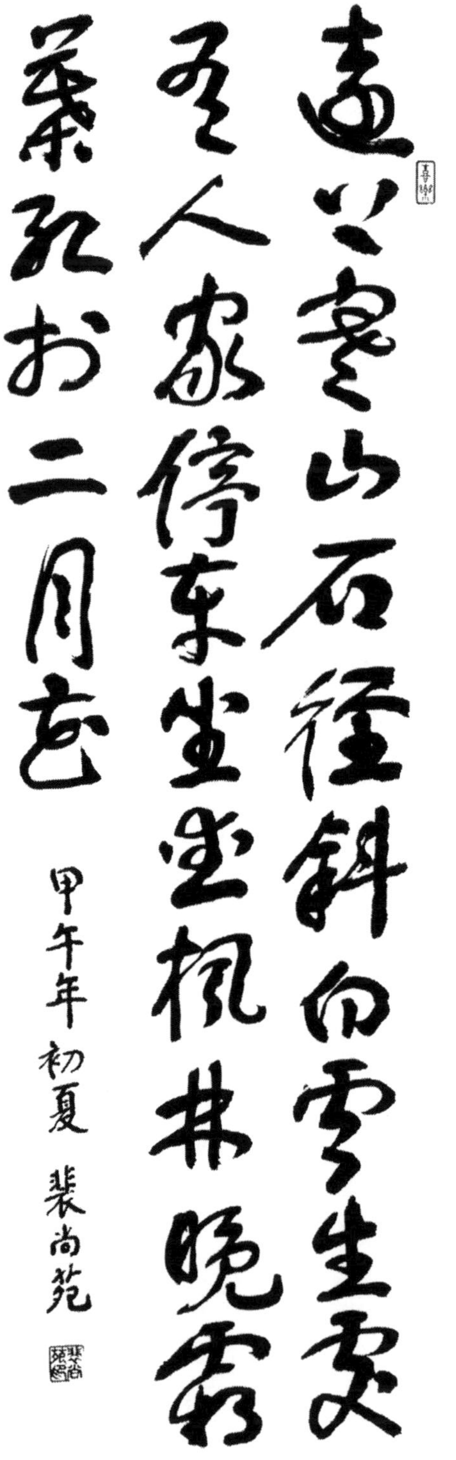
遠上寒山石徑斜白雲生處
有人家停車坐愛楓林晚霜
葉紅於二月花
甲午年初夏　裴尚苑

瘞鶴銘

梁天監十三年華陽真逸撰文正書，華陽真逸，或謂顧況或謂陶弘景，其字或謂右字書，均不可考、銘原刻江蘇省鎮江縣焦山崖石上，後摧落江中，宋淳熙中嘗挽出，不知何年復墮江中，清康熙間陳鵬年募工曳出之計五石，汪士鋐備採昔人之論，詳加辯証作瘞鶴銘考一卷。

上皇辰歲得於華亭午歲化於朱方

天其未遂吾翔也迺裹以玄黃之幣

藏乎山之下仙家石旌事篆銘相此

胎禽浮華表留唯髣髴事亦微厥土

惟寧淩蕩洪流前固重奕塏勢掩

華亭爰集真侶麼尒夅山徵君丹楊

外仙尉江陰真宰

戊戌十二月初三日寄去後臨此本六通 爰

乙未四月寄上 靜農老兄存之 小兄大千爰

甲午春 裴尚苑臨摹